AF470135

LE
CRI DE LA NATURE,

OU

LE MAGNÉTISME

AU JOUR.

LE
CRI DE LA NATURE,
OU
LE MAGNÉTISME
AU JOUR;

Ouvrage curieux & utile pour les Personnes qui cherchent à étudier les Causes Physiques du Magnétisme, ainsi que les Phénomènes qui s'y rapportent.

Felix qui potuit rerum cognoscere causas.
VIRG.

Par M. C. D. L.

A LONDRES;

Et se trouve à PARIS,

Chez les Marchands de Nouveautés.

M. DCC. LXXXIV.

AVANT-PROPOS.

LE desir que j'ai de satisfaire le Public sur la découverte du Magnétisme, & lui offrir quelques principes, qui, depuis long-tems excite sa curiosité, m'a engagé à faire des recherches importantes. Une maladie opiniâtre m'y a d'autant plus encouragé, que, tourmenté pendant cinq années consécutives par différens caractères de goutte qui m'avoient altéré la cuisse & la jambe droite à ne pouvoir me supporter, je me fixai au traitement de M. d'Eslon, où je ne tardai pas à éprouver un soulagement général. Quatre mois suffirent pour m'ôter toute espèce de douleur; la circulation s'est enfin rétablie dans tous les membres, & je dois au Magnétisme une existence nouvelle.

A 3

Comme je fais qu'aujourd'hui on aime mieux avoir une vérité établie & démontrée en quelques pages, que de la parcourir & chercher dans des in-folio, j'ai pensé qu'il falloit présenter un Ouvrage concis, qui presse les principes pour en faire mieux jaillir les conséquences, & offrir plutôt le germe de toutes les pensées, que de juger l'esprit humain incapable de les développer par lui-même : il s'attachera d'ailleurs à en extraire les conséquences, à en faire l'application à une foule de cas particuliers. C'est ainsi, qu'éclairé du flambeau de l'expérience, il ne tardera pas à obtenir des procédés très-satisfaisans. J'ai pratiqué le Magnétisme pour assurer mes conjectures ; & je les dois par reconnoissance, & au Public, pour le désabuser sur le prétendu secret du Magnétisme, qui est une doctrine aussi étendue que merveilleuse.

LE

CRI DE LA NATURE,

O U

LE MAGNÉTISME AU JOUR.

Dans tous les ſiècles, chez toutes les Nations, il y a eu des hommes obſervateurs, qui contemploient & remarquoient avec une curioſité empreſſée les évènemens frappans qui méritoient l'attention publique.

La découverte du Magnétiſme eſt pour notre ſiècle un Phénomène ſingulier & curieux ; elle excite notre ſurpriſe & notre étonnement. Le témoignage des ſens nous inſtruit de l'exiſtence d'un Agent qui nous affecte, tant par les ſentations qu'il nous

A 4

fait éprouver, que par les effets merveilleux qui se passent sous nos yeux continuellement; ce sentiment intime nous fait remarquer des choses qui se glissent dans notre ame, & qui l'affectent sensiblement.

Cette étonnante découverte, si précieuse pour l'humanité, se développe d'une manière si intéressante, qu'il est beau de la soutenir, & glorieux de présenter des principes qui conduisent à la source du vrai bonheur.

Est-il rien de plus merveilleux que ce Phénomène, qui, après tant de théories incertaines, fournit enfin des principes incontestables au plus utile de tous les Arts; celui d'apprendre à se conserver & de savoir guérir, qui, dans une Science autrefois à peine cultivée, & souvent exercée en secret, nous offre aujourd'hui des routes lumineuses, & nous transporte tout entiers à la Nature.

Il n'est personne qui ne convienne, que, si nous suivions la Nature, nous ne nous tromperions jamais. Les Paysans, qui vivent naturellement & sans Art dans la campagne, sont bien plus sains & plus aisément guéris que ceux qui, vivant dans les Villes, s'abandonnent à l'Art du Médecin, & oublient presque la Nature. Nous lisons dans *Celse* que cet Art n'étoit autrefois pas nécessaire chez les Grecs, ni chez les autres Nations. *Pline* nous rapporte que le Peuple Romain a été six cents ans sans Médecins; ce qui est d'autant plus croyable présentement, qu'on a découvert tant de Nations inconnues à nos aïeux, chez lesquelles il n'y a aucun Médecin; mais des médicamens propres seulement aux blessures & aux venins. *Piso*, en parlant de la Médecine des Habitans du Brésil : il se trouve, dit-il, des médicamens simples, que la Nature leur communique mutuellement (le Magnétisme); ils se moquent des nôtres parce qu'ils sont composés. Voici encore ce que dit *Pline* spécialement du Mithridate, cet antidote tant vanté; il est, dit-il, composé de cinquante-quatre drogues, toutes prescrites en poids inégaux, & quelques-unes à la soixantième partie d'un denier, évidente & monstrueuse ostentation de l'Art! La Nature, cette divine mère, n'a point fait les cérats, les amalgames, les emplâtres, les collyres,

les antidotes, &c. Ce font des inventions
des boutiques, ou plutôt des artifices de
l'avarice : ramaſſer & mêler les forces par
ſcrupules, ce n'eſt pas l'ouvrage de la con-
jecture, mais de l'imprudence humaine.

Les drogues des Indes & des Arabies,
les remèdes qui naiſſent ſi loin de nous,
ne ſont pas nés pour nous ; la Nature ne
prétendoit point qu'il y eût d'autres remèdes que ceux qui ſe trouvent vulgaire-
ment ſans peine & ſans dépenſe, & autour
deſquels nous vivons. L'on vante cependant les compoſitions & les mêlanges inex-
plicables ; l'on eſtime les drogues de l'Inde
& de l'Arabie pour la Médecine ; & pour
guérir un petit ulcère, l'on fait venir les
médicamens par la mer Rouge ; tandis qu'il
n'y a perſonne, *dit Pline*, quelque pauvre
qu'il ſoit, qui n'ait les véritables remèdes
à ſon pouvoir (l'Art Magnétique). Rien
n'eſt plus inconſtant, ajoute-t-il, que l'Art
Médicinal ; la plupart de ceux qui en font
profeſſion ſe voulant renommer par quelque nouveauté, font négoce de nos vies :
de là viennent ces miſérables diſputes des
Médecins ſur les maladies, dans les con-
ſultations, n'y en ayant aucun qui ne ſoit

d'un fentiment différent à fon confrère, de peur de fembler approcher du fentiment d'un autre : & c'eft ce qui a donné occafion à cette ancienne épitaphe : *Multitudo Medicorum occidit me.*

Je ne prétends néanmoins pas décrier un Art qui de foi eft très - falutaire, ni ôter l'honneur à aucun de ces grands & illuftres Perfonnages qui l'exercent. Je plains fimplement l'état & la condition des chofes humaines qui a fait que cet Art, qui, de tous les Arts, devroit être le plus utile au genre humain, ait été, jufqu'à préfent, fujet à une fi grande inconftance & incertitude : mais je ne m'arrêterai pas ici davantage.

J'obferverai feulement qu'il y a deux chofes qui travaillent à la cure d'une maladie ; la nature du malade & le remède que donne le Médecin. La Nature eft le principal agent qui chaffe la maladie, & rétablit la fanté, le remède ne devant être employé que pour aider la Nature, pour la faire agir avec plus de facilité : car le remède aura été donné en vain, fi la nature ne travaille en dedans ; c'eft elle qui chaffe les chofes étrangères, qui remet celles qui ont été ôtées, qui rejoint celles qui ont été féparées, redreffe celles qui ont été froiffées, luxées, courbées, &c. Cela eft fi vrai, qu'il arrive quelquefois qu'elle exécute d'elle - même toutes chofes ; & pour achever l'ouvrage, elle n'a fouvent pas befoin de remède, mais du repos & du tems ; cela prouve donc évidemment qu'il eft quelquefois fort dangereux de troubler le travail de la Nature, & de la détourner par des médicamens purgatifs, & autres femblables remèdes qui, comme dit Hypocrate, l'irritent & la fâchent.

Ce raifonnement eft d'autant plus certain, que plufieurs exemples frappans ont fait connoître que le Magnétifme ne pouvoit s'affimiler à toutes les drogues de la Médecine ; qu'elles étoient dangereufes à employer avec ce traitement, où les combinaifons de la Nature font fi bien obfervées : mais l'expérience & l'ufage le plus foutenu a fait regarder néceffaire d'employer la crême de tartre, qui, comme acide, neutralife la bile ; comme diurétique, procure l'apétit ; & comme laxative, porte le rafraîchiffement, & excite même le fentiment de gaieté. Pourquoi en chercher d'autres qu'on ne connoît pas affez, & qui donnent la mort?

Je pourrois encore parler de cette manie Parifienne de petites faignées fréquentes, & toujours précipitées qui font principalement à Paris tous ces vifages pâles & défaits, qu'on ne voit point ailleurs, qui en tuent un grand nombre, & rendent l'autre fouvent incurable. Ces réflexions font néceffaires avant de donner quelques principes du Magnétifme, ainfi que des phénomènes qui s'y rapportent, dont je vais parler.

La première fois qu'on entendit difcourir fur l'aimant, & qu'on vit un homme qui tenoit fufpendue en l'air une aiguille, dont la tête étoit en bas & la pointe en haut, attachée à la lame de fon couteau, on en fut auffi furpris que de tout ce qu'on entend dire des effets du Magnétifme; & en ce temps-là beaucoup de gens crurent que cet homme étoit forcier, & que cela ne pouvoit fe faire naturellement : aujourd'hui, on ne trouve perfonne qui faffe difficulté de croire que ce phénomène du couteau aimanté & de l'aiguille qui s'y attache par fa pointe, ne foit très-naturel. Ceux donc qui font portés à croire que tout ce

qu'ils ont entendu dire du Magnétifme ne
fe peut faire naturellement, doivent fuf-
pendre un peu leur jugement, & fe repré-
fenter que la fource la plus ordinaire de
nos erreurs, c'eft la précipitation avec laquelle notre vanité naturelle nous porte à
juger de toutes chofes, fans prendre garde
qu'on eft très-fujet à fe tromper, lorfqu'on
donne plus d'étendue à fa volonté qu'à fon
entendement, & lorfqu'on reçoit pour vrai
une propofition qui n'eft point encore évidente : il faut toujours, pour éviter l'er-
reur, que l'évidence précède le confente-
ment de la volonté, parce que l'évidence
eft la feule marque infaillible de la vérité ;
mais il faut prendre garde à ne pas recevoir, pour évident, ce qui ne l'eft pas, &
ne pas parer le menfonge pour en voiler
la vérité. Pour prouver ce raifonnement,
revenons à l'aimant.

Perfonne n'a ofé trouver fingulier, jufqu'à préfent, que *Defcartes* n'ait pas fait
voir les écroues qu'il fuppofe dans les pores
du fer & de l'aimant, & les petites vis qu'il
fuppofe dans la matière Magnétique pour
expliquer les effets de l'aimant à la faveur
de la preffion de l'air. Comme la figure en

vis & en écroues est une figure possible,
& que rien n'empêche que cela ne soit ;
c'est par cette hypothèse qu'on explique
tous les effets de l'aimant ; & comme elle
ne répugne ni aux premiers principes de la
mécanique ni aux expériences, elle trouve
beaucoup de partisans, quoiqu'elle ne soit
pas démontrée. L'on peut de même, par
une hypothèse liée aux premiers principes,
expliquer très-mécaniquement les données
du Magnétisme.

Pour parler raisonnablement de cet Agent
universel ou du Magnétisme, il faudroit
que ceux qui veulent absolument soutenir
que ses effets ne peuvent avoir une cause
naturelle connussent la nature ; mais ce
grand nombre de gens, toujours prêts à décider de tout, se croient suffisamment ins-
truits des secrets de la nature, pour, sur
le champ, prononcer qu'il n'y a aucun
Agent dans la nature qui puisse produire
les merveilleux effets qu'on éprouve par le
Magnétisme.

Pour les convaincre & rendre leur jugement suspect, je voudrois les prier d'examiner eux-mêmes leurs propres décisions ;
j'en ai oui plusieurs de ceux qui ne vou-

loient point reconnoître les caufes naturel-
les du Magnétifme, & qui ne s'étonnoient
point de *Jacques Aimar*, de *Parengue*, & de
Bleton, qui trouvoient les fources cachées
à vingt pieds dans la terre: c'eft une chofe
ordinaire, difent-ils; nous connoiffons bien
d'autres gens qui ont la même vertu : mais
de faire éprouver des fenfations fur le corps
d'une perfonne, fans le toucher, vraiment
cela eft bien différent : on n'a jamais oui parler de cela; la chofe n'eft pas poffible. Mais
ces Meffieurs, qui ne s'étonnent point de
ce Phénomène, en comprennent-ils mieux
la caufe que celui du Magnétifme qui paffe
également leur imagination ? Non sûre-
ment ; mais ils en ont entendu parler plus
fouvent; car il me femble qu'il leur eft auffi
difficile d'expliquer comment l'eau, cachée
à vingt pieds dans la terre, peut faire tour-
ner une baguette entre les mains d'un homme, que d'expliquer les caufes du Magnétifme.

J'ai entendu d'autres perfonnes qui pa-
roiffoient fuivre de plus près les effets de
la nature Magnétique, bien convaincu de
ceux de l'aimant, & des fenfations de certains corps fur les fources & les métaux;
mais

mais qui fe perfuadoient encore qu'il falloit avoir été l'Elève de M. Mefmer pour
connoître les vrais procédés du Magnétifme. Enfin, être d'affez bonne-foi pour
donner cent louis pour s'affurer d'un *fecret.*
Cependant, parmi ces Meffieurs de beaucoup de mérite & de connoiffance, il s'en
trouve qui font perfuadés aujourd'hui que
les fecrets de la nature ne s'achettent pas,
mais que la doctrine s'acquiert par un travail foutenu. C'eft ce que je démontrerai
plus loin en faifant connoître la néceffité
de favoir l'Anatomie. Je penfe qu'en voilà
bien affez pour obliger ceux qui ne font
que rarement ufage de leur efprit, & qui
par-là en connoiffent moins les foibles, à
être plus retenus à décider fi hardiment,
& à lire avec moins de préventions les ou-
vrages de ceux qui ont un peu plus d'ha-
bitude qu'eux à penfer fur les fecrets de la
nature. Paffons actuellement aux principes
du Magnétifme.

Pour difcourir avec ordre des chofes na-
turelles, il faut, comme dit fort bien *Arif-*
tote, traiter des principes qui les compofent, avant que d'entrer dans la connoiffance des propriétés qui les accompagnent.

Comme la nature opère très-simplement, pour la connoître il la faut envisager d'un regard simple & discret, & telle qu'elle paroît dans les êtres particuliers, & sans aucunes précisions ni abstractions qui lui soient inconnues, elles ne servent qu'à aveugler notre esprit, & l'empêcher de voir les choses, telles qu'elles sont en elles-mêmes & selon la vérité.

Je commencerai donc par expliquer les causes physiques du Magnétisme, & m'appuierai même de quelques textes de l'écriture pour prouver mon raisonnement.

Plusieurs Philosophes ont admis, parmi l'air, le mêlange d'une autre substance qu'ils ont nommée *Magnale*, pour exprimer, par ce mot, faute d'autres termes, la vertu qu'ils donnent à cette substance de s'étendre & de se restraindre, & sans donner à connoître ce qu'elle est en son essence: ils se sont arrêtés à considérer cette propriété merveilleuse, qui produit les plus beaux effets de la nature.

D'autres Philosophes ayant remarqué la grande dilatation de l'eau raréfiée, & de plusieurs autres choses, comme aussi la compression & la dilatation dont l'air est

capable, ont admis dans la nature une subf-
tance moyenne, entre la matière & les efprits purs que quelques-uns ont nommés
Efprit, Spiritus, d'autres lui ont donné le nom
d'*Æher* & d'Air, croyant que ces fubftan-
ces, qui ne font, à proprement parler,
qu'une même chofe, produifoient cet effet.

Le nom d'Efprit que lui donna auffi
Moïfe, à caufe de fa fubtilité & de fa vertu,
lui convient très-bien, puifque la vérité l'a
ainfi nommé *Spiritus ubi vult efpirat, & vocem
ejus audis, fed nefcis undè veniat aut quò vadat.*
L'efprit fouffle où il veut, & vous entendez
fa voix ; mais vous ne favez d'où il vient,
ni où il va. Il dit ailleurs : *Luftrans univerfa
in circuitu pergit fpiritus, & in circulos fuos re-
vertitur.* L'efprit en tournant à l'entour du
monde retourne fur fes pas ; car le vent
n'eft autre chofe que l'air, & cette même
fubftance fpirituelle éparfe dans l'air qui
y caufe l'agitation que nous fentons.

L'on peut remarquer encore que le mot
Spiritus tire fon étymologie de *Spirare,* ref-
pirer ou fouffler. *Job,* en parlant de l'air
que nous refpirons, ufe de ces termes :
*donec fuper eft habitus in me & fpiritus dei in
naribus meis,* pendant que je refpire encore,

& que l'efprit de Dieu (c'eft-à-dire le vent),
paffe par mes narrines ; & *Daniel* dit : *Be-*
nedicite omnes fpiritus dei Domino ; tous les Efprits de Dieu béniffez le Seigneur : ce qui
n'eft autre chofe que cet Efprit dont nous
parlons.

Je pourrois rapporter plufieurs autres paf-
fages de l'Ecriture Sainte, qui confirment
ce que je viens de dire, & que les curieux
y pourront remarquer ; mais ce peu eft plus
que fuffifant pour faire voir clairement que
toutes ces façons de parler ne font que des
épithètes, qui nous donnent à connoître
l'excellence de cet Efprit auffi bien que fa
nature, qui eft au-deffus de la matière pure,
comme fes effets le font évidemment pa-
roître. » Auffi Ariftote, dit - il : ceux qui
» ont appellé cette fubftance l'Efprit de
» l'Univers, ont cru qu'elle étoit plus no-
» ble que la fubftance des Cieux, & n'ont
» rien dit qui ne foit très-vraifemblable «.

Voilà donc cet Efprit que nous nom-
mons Magnétifme Animal, que Sébaftien
Wiridig, *Boyle*, *Fernes*, *Maxwel*, & tant d'autres ont appellé *Efprit animal & vital un air*
très-fubtil & invifible, qui eft l'inftrument par le-

quel la chaleur naturelle s'infinue & s'épand par toutes les parties du corps.

C'eft cet efprit qui eft le grand & admirable reffort de la Nature, qui tire & repouffe ce qui lui convient par fon moyen, puifque l'union qu'il contracte avec tous les corps, fe fait par le contact immédiat qu'il a avec les efprits femblables qu'ils renferment en eux, & qui y font fpécifiés comme l'un de leurs trois principes ; cette fimilitude fpirituelle & fympatique leur fervant de lien pour les unir inféparablement entr'eux ; d'où réfulte l'union des parties du corps, dans lefquels ces efprits font fpécifiés. C'eft donc cet efprit qui fait l'union des chofes matérielles entr'elles, ou plutôt, qui eft leur union, puifqu'il unit la matière à fa forme par fa vertu & propriété fingulière, étant un moyen, entre ces deux, fi différens.

C'eft cet efprit qui, fortant continuellement de tous les animaux, demeure attaché à ce qu'ils touchent immédiatement, & donne lieu aux chiens de fuivre la pifte de leurs maîtres & de leur gibier par l'odeur fpécifique, ou plutôt individuelle du fujet dont elle eft fortie, & qu'il porte avec lui.

Chacun peut voir dans l'hiſtoire des An-
tilles, que les Nègres ont l'odorat ſi ſubtil,
qu'ils diſtinguent les veſtiges d'un Nègre,
d'un Eſpagnol ou d'un François, en ſentant
ſeulement la place où ils ont marché ;. &
M. de la Mothe-le-Vayer, dit que les Guides
dont on ſe ſert pour paſſer les mers de ſa-
bles & les déſerts d'Afrique, trouvent les
chemins en flairant le terrain.

C'eſt encore cet eſprit qui tient unis en-
ſemble deux corps polis, & qui leur ſert
comme de colle, en s'uniſſant immédiatement aux deux eſprits ſemblables, qui ſont
ſpécifiés dans ces corps, ſans pouvoir être
ſéparés l'un de l'autre que par une attraction
très-puiſſante, qui oblige cet eſprit à s'étendre & donne lieu à l'air voiſin de s'unir
entre deux. C'eſt donc cette vertu unitive
de cet eſprit, avec tous les autres eſprits
ſemblables ſpécifiés dans les mixtes, qui
cauſe l'attraction puiſſante qu'il en fait
lorſqu'on l'oblige à s'étendre, ou qu'on fait
effort pour l'en ſéparer.

Après avoir démontré phyſiquement
l'eſprit ou l'agent Magnétique avec tous les
phénomènes qui s'y rapportent, donnons

aĉuellement quelques axiomes à ceux qui voudront étudier cette doĉrine.

Pour opérer avec connoiſſance, il faut conſider quelques axiômes communément reçus, qui ſont :

1°. Que tout corps en repos ne peut être mis en mouvement que par un corps qui a du mouvement, & qui touche immédiatement le corps en repos ; c'eſt une maxime reçue de tous les Phyſiciens, qui ſavent que tout mouvement ſe fait par impulſion, & que toute impulſion eſt immédiate, c'eſt-à-dire qu'entre le corps mû & le corps en mouvement, il n'y peut avoir aucun corps.

2°. Que tout corps en mouvement tend toujours à s'éloigner de ſon centre par la plus courte de toutes les lignes, qui eſt la ligne droite, & ne change cette détermination que par rapport aux diverſes ſuperficies des corps qu'il rencontre en parcourant ſa ligne droite.

3°. Que tout corps en mouvement qui eſt obligé de changer ſa ligne droite en ligne courbe, ſe meuvra néceſſairement en rond, s'il trouve une égale réſiſtance & une égale détermination en ligne circulaire dans toute ſa circonférence.

B 4

4°. Qu'il exifte dans l'univers un efprit très-fubtil & très-agité, qui a fa détermination pour paffer continuellement & avec une très-grande rapidité, d'un des pôles du monde à l'autre, & que lorfqu'il eft empêché dans fon cours, il fait de très-grands efforts pour fe pénétrer & renverfer plutôt tout que de ne point fe faire un paffage. Tel que la poudre dans les mines.

5°. Que nos corps tranfpirent continuellement, & qu'il en fort par les pores des corpufcules, qui font des émanations de notre fubftance. Cela eft encore reçu de tout le monde. *Sanctorius* en a fait une démonftration dans fon livre intitulé, *Statica Medicina*. C'eft lui qui nous a appris qu'il fort tous les jours de notre corps, par l'infenfible tranfpiration, plus d'excrément qu'il n'en fort par les voies fenfibles des urines, des fels, des crachats, &c.

6°. Qu'il y a dans la nature des corps qui ne peuvent fe fouffrir les uns les autres, parce qu'ils font faits de manière que lorfqu'ils fe rencontrent, ils gênent le paffage de cet efprit fubtil, & l'oblige à faire un très-grand effort pour fe délivrer de cette gêne, & eft obligé par les loix du mouvement de fe pénétrer. La rencontre des corps accides avec les alkalis, peut fervir d'exemple & de preuve à ce dernier axiôme.

Si l'on étudie ces principes avec attention, il n'eft pas douteux qu'on n'en obtienne des avantages frappans. La differtation fuivante en facilitera le travail.

Les progrès que l'on fait dans l'anatomie, ne feront d'aucune utilité s'ils ne nous mènent à connoître l'ufage des organes que l'on prend la peine de décompofer. Nous faifons de vains efforts pour dévoiler la ftructure de ces parties, que leur petiteffe a dérobé à nos fens, & nous négligeons d'examiner tout ce que les yeux peuvent y découvrir. L'efprit porté vers le merveilleux, foupçonne, dans fes parties cachées, un arrangement qu'il ne fauroit concevoir, oubliant que la Nature toujours fimple dans fes opérations, ne les exécute que par des moyens peu compenfés.

Perfonne ne doute que l'air eft le principe du mouvement du fang, la caufe principale de fes raréfactions & de fes fermentations, & le principe agent de la fanguification. Plufieurs Anatomiftes ont remarqué que le fang des artéres du poulmon, étoit noir

& épais comme le fang qui eft dans les veines, au lieu que le fang qui revient des poulmons au cœur par les veines du poulmon, eft fubtil, épuré & abfolument femblable au fang artériel, parce que, s'étant mêlé avec l'air, il en eft agité & fubdivifé. Si on intercepte l'air qui entre dans les poulmons, & qu'on ouvre en même-tems quelque artère, on verra toujours le fang noir & épais ; & fi on rend le paffage à l'air, le fang reprendra auffi-tôt fa couleur vermeille. Si l'on confidère de plus la vertu élaftique de l'air, on comprendra qu'elle contribue à la fluidité du fang, & peut être même qu'elle eft la caufe du mouvement du cœur, en fe dilatant dans fes ventricules, dont la chaleur eft plus grande que celle de l'Atmofphère.

La Nature ne peut employer, fi je ne me trompe, que quatre moyens pour la féparation d'un liquide confondu dans la maffe du fang, qui font ; 1°. LA PESENTEUR ; 2°. LA LÉGÉRETÉ ; 3°. L'IMPULSION ; 4°. LE MAGNÉTISME. Le premier ne fauroit avoir lieu dans la fécrétion de l'efprit animal, de forte qu'il eft inutile de s'y arrêter. Le fecond paroit d'abord très-commode ; il n'eft pas douteux que la matière de ce liquide ne foit la plus légère de toutes celles qui conftituent la maffe de nos humeurs. Le mouvement qui reconnoît cette caufe élévera cette matière & la fera furnager ; mais il ne la portera jamais dans un autre fens, les tuyaux fecrétoires feront perpendiculaires à la baffe du crâne & ne fauroient remplir les fonctions lorfque l'animal changera de fituation. Si l'on veut que cette matière traverfe le tiffu des vaiffeaux, rien ne pourra la contenir, elle fuivra les routes de l'infenfible tranfpiration & fe diffipera ; fi d'ailleurs cette caufe avoit lieu, l'efprit animal fe fépareroit par tous les vaiffeaux du corps ; mais, dira-t-on, il faut que le fang ait un mouvement déterminé pour que cette matière volatile puiffe s'en dégager? La fecrétion ne s'en feroit pas moins dans toutes les parties ; car on n'ignore pas que le fang roulant des artères dans les veines, paffe par tous les dégrés de vîteffe.

On ne fauroit cependant douter que la matière de l'efprit animal ne foit extrêmement légère. D'où il réfulte que le troifième moyen, qui eft l'IMPULSION, ne fauroit avoir lieu ; car, quoique la maffe de l'efprit animal, renfermée dans le cerveau & la moëlle de l'épine, puisse recevoir un mouvement progressif de la part de ses organes, il n'en faut pas conclure que les solides en communiquent aux mollécules analogues qui doivent s'y joindre lorsqu'elles nageront encore dans la masse du sang. Cette matière, extrêmement subtile, échapera, par sa petitesse, à l'action des vaisseaux ; & supposé qu'elle en fût susceptible, il est toujours vrai de penser qu'il résulteroit de cette puissance & de sa légéreté, un mouvement composé & des directions indéterminées, qui porteroient le trouble dans une fonction la plus nécessaire à la vie. Mais disons plus, si la légéreté des mollécules qui constituent l'esprit animal, est contraire à leur mouvement progressif, la structure des solides ne nous permet pas de croire qu'ils puissent leur en communiquer. Il ne seroit point, ce me semble, raisonnable d'attribuer cette vertu au cerveau, dont la substance est très-molle, pulpeuse, & par conséquent incapable d'un certain ressort. La dure-mère ne sauroit avoir du mouvement, puisqu'elle est collée à la face interne du crâne.

Il ne reste que les artères qui puissent,

par leurs vibrations, produire cet effet ; mais il y a lieu de penser qu'elles ne battent pas dans le cerveau. Les parois des artères, à leur entrée dans le crâne, font collées aux cavités offeufes qui les reçoivent. Or, il est certain que ces vaiffeaux, dans cet endroit, ne fauroient avoir aucune pulfation. On n'ignore point que les quatre artères du cerveau font plufieurs contours, & qu'elles fouffrent des courbures très-remarquables avant de pénétrer ce vifcère : or, il est sûr que le fang doit perdre de son mouvement dans tous les angles qui changent fa direction. Ces vaiffeaux préfentent encore des anaftomofes très-manifeftes, ou des canaux de communication qui reçoivent le fang par les deux bouts, dans lefquels les mouvemens oppofés de ce liquide feroient un obftacle à fa circulation. Les artères enfin dans les animaux vivans, comme dans le cadavre, font toujours remplies de fang, de même que les veines auxquelles elles font fouvent fi reffemblantes, qu'on auroit quelque peine à les diftinguer, fi on ne les reconnoiffoit à leur fituation. De tous ces faits, ne doit-on pas conclure que le fang perd de fa vîteffe dans les artères du cerveau, qu'il y roule fans interruption , & que ces vaiffeaux ne fauroient avoir de pulfation ? Le mouvement qu'on obferve à la dure - mère , lorfqu'elle a été découverte par le trépan , ou par quelque accident, n'eft point contraire à ce que nous penfons : le fang que le cœur pouffe dans le cerveau, doit communiquer à toute la maffe quelque mouvement qui fe manifeftera par un battement obfcur , dans l'endroit où elle aura la liberté de s'élever. Nous ne faurions foufcrire à l'opinion de ceux qui ont voulu rapporter cette pulfation à l'artère de la dure-mère, qui n'auroit un battement fenfible que dans quelques points de cette membrâne ; ce qui ne s'accorderoit point avec l'obfervation.

Si la nature de l'efprit animal, le mouvement ralenti du fang, le défaut de pulfation dans les artères, & la ftructure du cerveau, ne nous permettent pas de rapporter la fecrétion , dont nous parlerons aux folides , ne fommes-nous pas obligés d'expliquer cette fonction par le MAGNÉTIS-ME, qui eft le quatrième & dernier moyen que nous avons propofé ? Cette qualité, dont nous avons déjà expliqué phyfiquement son principe & ses effets, est l'action de certains corps sur une matière homogène, ou d'une autre nature, qui tend à s'en rapprocher. L'on convient, depuis bien long-temps, que la plupart des phénomènes, qu'on observe dans la Nature, doivent se rapporter à cet agent, & l'évidence nous fait souscrire à cette vérité. Cependant est-il quelqu'un aujourd'hui qui ose expliquer, par la pression de l'air, l'union qu'on voit arriver entre deux gouttes d'eau, d'huile, ou de toute autre liqueur, qui auront été rapprochées. On sait, par une infinité d'expériences, qu'il seroit inutile de rapporter que les liqueurs homogènes tendent à s'unir.

La cause de l'électricité fait encore les recherches des savans Physiciens. Ils ont observé dans tous les corps, tant solides que fluides, une vertu qu'on peut comparer à celle de l'aimant, de l'ambre, du jayet & de la cire d'Espagne. D'expérience en expérience, ils ont été au point d'en connoître les loix; & cette heureuse découverte a répandu dans la physique une nouvelle lumière, après laquelle on soupire depuis long-temps.

L'air n'eft pas moins électrique que les autres matières : on peut même affurer qu'il l'eft plus, lorfque la chaleur & un certain degré de mouvement en déplient les refforts. L'efprit animal qui eft d'une matière éthérée, doit avoir la même qualité; & c'eft apparemment ce qui empêche fa diffipation : car, comment pourra-t-on concevoir que la matière de ce liquide, qui eft la plus déliée & la plus légère, puiffe être arrêtée par des enveloppes qu'une matière plus groffière, qui eft celle de la tranfpiration, traverfe? Pourquoi ce véhicule, qui pénètre le cerveau, la moëlle de l'épine, les nerfs & les mufcles, n'enlève point la matière de l'efprit animal, que fa légèreté devroit faire diffiper? Il n'eft, ce me femble, que la feule affinité qui puiffe lier ces molécules, & prévenir leur diffipation. On fait que les fumées de l'infenfible tranfpiration traverfent le tiffu des os, & qu'elles doivent, à plus forte raifon, pénétrer les nerfs & le cerveau.

Mais fuppofons, pour un moment, que la matière de l'infenfible tranfpiration ne pénètre point le cerveau & les nerfs, qu'elle ne s'élève pas du fang qui arrofe ces parties;

ties ; pourra-t-on dire la même chofe des mufcles, dans les fibres defquels il eft démontré que l'efprit animal doit toujours être préfent? Quelle prodigieufe diffipation ne fe feroit-il pas dans les Voyageurs, & dans tous ceux qui travaillent à des Arts pénibles? Comment cette perte pourroit-elle fe réparer? Si l'on fait une médiocre attention à la ftruĉture des mulcles & à leur nombre, on aura certainement beaucoup de peine à le concevoir. Ceux qui croyent que l'efprit animal coule dans les mufcles à chaque contraĉtion, auroient, ce me femble, dû répondre à cette difficulté. D'ailleurs, fi l'on arrache le cœur d'une grenouille, il battra long-tems, quoique féparé du corps de l'animal. L'homme condamné à ce genre de fupplice dans la Grande-Bretagne en a confirmé la preuve. Ce fait ne prouve-t-il pas que l'efprit animal eft toujours préfent dans les fibres mufculaires, & qu'il ne fe diffipe point? Faut-il en dire davantage pour établir l'affinité qu'il y a entre les molécules qui le compofent? La chofe ne paroît-elle pas des plus évidentes?

Ce principe étant pofé, il ne fera plus

C

difficile d'expliquer la fecrétion qui fe fait dans le cerveau. Nous avons confidéré ce vifcère comme un corps pulpeux, dont les porofités font très-propres à contenir la maffe de l'efprit animal ; la force atractive de cet individu, qui n'eft point cependant à raifon du nombre des molécules qui le compofent, ne laiffe pas d'être affez confidérable, pour porter fon action fur la matière homogène qui roule avec le fang dans les vaiffeaux du cerveau.

Les anciens ont démontré que le Magnétifme ne pouvoit agir fur cette matière, fi le degré de mouvement qu'il lui imprime n'eft au-deffus de celui qu'elle reçoit du fang ; lorfque ce liquide circule avec trop de rapidité, il eft évident que la force attractive fera fans effet : il faut donc que le fang que parcourt les vaiffeaux du cerveau y perde de fa vîteffe : cela eft-il douteux, après ce que nous avons dit ; la feule infpection des artères toujours remplies de fang, ne décideroit-elle pas cette queftion ? Qu'on ajoute à cette obfervation les réflexions qu'on peut faire fur la difpofition des artères, leurs différentes courbures, leurs fréquentes communications, les plexus qu'elle forment, leur adhérence aux os, &c.

Ne trouve-t-on pas, dans tous ces faits, une espèce de démonstration de ce qui établit le fondement de ce système? Quelque ralenti que soit ce mouvement, le Magnétisme de l'esprit animal n'agiroit encore que foiblement sur la matière homogène, si le sang ne présentoit dans les vaisseaux multipliés beaucoup de surface. Est-il douteux que ce ne soit là l'usage du plexus choroïde, qui doit être considéré comme une espèce de lac, dont l'électricité élève des vapeurs? La matière de l'esprit animal qui roule avec le sang dans toutes les parties du corps, acquiert, par des circulations réitérées, le degré de légèreté, de petitesse & de chaleur, qui la rend susceptible des impressions du Magnétisme. Cette matière est capable alors de recevoir un certain degré de mouvement que la masse de l'esprit animal lui communique; mouvement qu'elle ne peut acquérir que par son intime union à cette substance, & qu'elle perd lorsqu'elle en est séparée; c'est ainsi que la matière de la lumière cesse de l'être, lorsque par l'interposition d'un corps opaque, on la fépare des rayons du foleil. L'affemblage de l'efprit animal forme donc un individu qui occupe les cavités du cerveau, de la moëlle, de l'épine, des nerfs, & des fibres mufculeufes ; & il y a lieu de penfer que ce liquide fpiritueux eft le moyen dont l'Auteur de la Nature s'eft fervi pour l'union de l'ame avec le corps, puifque cet être immortel ne fauroit exécuter fes fonctions fans le fecours de l'efprit animal qui doit être confidéré comme l'agent dont elle fe fert dans toutes ces opérations.

On fait que l'efprit animal eft principalement deftiné à exciter en nous les fenfations, & à produire le mouvement. Il eft démontré par l'Anatomie, que les mêmes nerfs fe diftribuent dans les organes des fens & dans ceux du mouvement ; on fait encore, & on le voit tous les jours dans la pratique de la Médecine, qu'une partie qui a perdu le fentiment, conferve le mouvement, ou le contraire. Il n'eft pas douteux que cet état de maladie ne doive fe rapporter à un vice de nerfs ou du liquide qu'ils contiennent ; le nombre des parties qui font attaquées toutes à la fois, ne permettant pas de fuppofer qu'il foit dans les organes. La difficulté que l'on rencontre à expliquer ce Phénomène, & les différens états qui portent,le trouble dans cette fonction, nous ont déterminé à penser qu'il pourroit bien y avoir dans les nerfs deux fortes de matières, dont le mouvement ne feroit point foumis aux mêmes loix, & qui pourroit fouffrir féparément dans l'état de maladie.

Le peu d'efpace qu'il paroît y avoir dans le corps pulpeux des nerfs & du cerveau, n'eft point contraire à cette idée ; parce qu'il eft aifé de concevoir qu'un liquide, que les verres les mieux travaillés n'ont pas rendu encore fenfible, peut parcourir avec liberté un efpace qui ne l'eft pas. Les deux matières qui le compofent peuvent avoir des mouvemens contraires, fans que l'action de l'une foit un obftacle à celle de l'autre. On fait qu'un point donné dans l'air, reçoit tous les rayons de lumière qui viennent du Firmament, & de la moitié de la furface de la terre : l'efprit humain ne fauroit concevoir le nombre prodigieux des rayons qui fe croifent dans le même point, & en différens fens : chaque rayon ne laiffe cependant pas de conferver fon mouvement & fa direction. La matière du fon paffe encore par le même point, fans fouffrir aucune diminution dans fa vîteffe. Les molcules qui s'élèvent des corps odori-férans, qui ne tiennent leur mouvement que de leur légereté, pénètrent encore ce point, & ne trouvent aucune réfiftance de la part du nombre prodigieux des petits corps qui femblent le remplir. Difons plus, le mouvement de la maffe groffière de l'air n'apportera que de très-petits changemens dans la détermination de tous ces corps. Ce fait, dont il n'eft pas permis de dou-ter, ne donne-t-il pas quelque vraifem-blance à notre fuppofition ? Si le verre, qui eft un corps folide, eft traverfé dans le même tems par les particules ignées, par les rayons de lumière, & par une ma-tière éthérée que nous ne connoiffons pas, trouvera-t-on quelque difficulté à penfer qu'il y ait dans le corps pulpeux des nerfs & du cerveau, des efpaces dans lefquels deux fortes de matières pourront fe mou-voir avec liberté, quoique dans un fens contraire.

Si l'on peut juger de la nature des deux matières, dont nous croyons que l'Efprit animal eft compofé, par ce qui arrive dans l'état de fanté, comme dans celui de maladie, il y a lieu de penfer qu'il en eft une extrêmement fubtile, capable d'exciter les fenfations; & que l'autre, plus groffière, eft propre à produire le mouvement. *Sautanelli, Maxwel,* & plufieurs autres célèbres Médecins, le jugeoient ainfi. Les expériences de nos jours paroiffent le confirmer.

Voilà donc quelles font mes conjectures fur la nature du Magnétifme ou de l'Efprit animal, & fes ufages; conjectures qui n'ont pu être que le mérite d'être renouvellées. Nous avouons qu'elles fouffrent de grandes difficultés; mais en a-t-on produit fur cette matière qui en foient exemptes? Nos Anciens ont été combattus. Si notre fiècle eft plus éclairé, pourquoi tant de farcafmes, & couvrir de ridicule un Art fi important? Il ne faut avoir qu'un médiocre difcernement pour étudier la Nature, & la fuivre dans fes opérations. Il ne s'agit pas d'inventer, mais de trouver ce qui eft fait: on ne fauroit y parvenir, fi l'on abandonne l'obfervation & l'expérience, qui eft la feule voie qui puiffe y conduire. L'Anatomic eſt un ſecours dont on ne ſauroit ſe paſſer : on ne connoîtra jamais la façon d'agir de la Nature, ſi l'on n'étudie avec ſoin la ſtructure des inſtrumens dont elle ſe ſert. Je crois en avoir aſſez dit pour ſatisfaire la curioſité des perſonnes qui regardoient cette doctrine comme un ſecret myſté-rieux.

F I N.